스스로 만드는 책

어린이가 스스로 글을 쓰고,
그림을 그려서, 책을 만드는 방법

글 돈나 구트리 · 낸시 벤틀리 · 케이티 케이크 안스틴
그림 케이티 케이크 안스틴 · 케이티 케이크 안스틴 **옮김** 김현우

ⓘ 아이북

옮긴이 | 김현우

김현우 선생님은 중앙대학교를 졸업하였습니다. 오랫동안 어린이들과 함께 하는 교육 현장에 있으며 전문 분야인 컴퓨터 활용을 통한 '책만들기' 활용 자료를 소개하셨습니다. 또한 현재 세계 팝업책의 역사와 자료를 수집하고 팝업북 사전이라 할 『팝업과 무버블북』을 우리 말로 옮기는 작업을 하고 있습니다.

스스로 만드는 책
The Young Author's Do-It-Yourself Book
How to Write, Illustrate, and Produce Your Own Book

초판 1쇄 발행일 2004년 10월 27일
초판 5쇄 발행일 2015년 7월 15일

지은이 돈나 구트리 · 낸시 벤틀리 · 케이티 케이크 안스틴
그린이 케이티 케이크 안스틴
옮긴이 김현우
디자인 고희선

펴낸이 권성자
펴낸곳 아이북
주소 136-032 서울 성북구 동소문동 2가 16번지 청암빌딩 7층
전화번호 (02)3672-7814
팩시밀리 (02)745-5994
E-mail ibookpub@hanmail.net
출판등록 10-1953호(2000년 4월 18일)

ISBN 89-89968-09-7 77370

값 9,500원

잘못된 책은 교환해 드립니다.

The Young Author's Do-It-Yourself Book
How to Write, Illustrate, and Produce Your Own Book

by Donna Guthrie and Nancy Bently
original Copyright ⓒ1994 Donna Guthrie and Nancy Bently(for text)
Korean translation Copyright ⓒ2004 ibook Publishing Company
This Korean edition was published by arrangement with Donna Guthrie
and Nancy Bently, US, through Best Literary & Right Agency, Korea
All rights reserverd.

이 책의 한국어판 저작권은 베스트 에이전시를 통한 원저작권자와의 독점 계약으로
도서출판 아이북이 소유합니다. 신저작권법에 의하여 한국내에서 보호를 받는 저작물이므로
저작권자의 서면 허락 없이 무단전재와 무단복제를 금합니다. 또한 전산장치에 저장 혹은 전파를 할 수 없습니다.

차 례

시작하는 글 ● 5

1단계
글쓰기 ● 9
픽션 ● 10
논픽션 ● 24

2단계
편집 ● 39

3단계
그림그리기 ● 41

4단계
제본 ● 54

5단계
광고 ● 63

자신의 이야기가
어떻게 한 권의 책으로 되는지
알고 싶어하는 모든 어린이들에게
이 책을 드립니다.

시작하는 글

책, 책, 책!
우리 주변에는 많은 책들이 있습니다.
여러분이 기억할 수 있는 한 여러분은 이제까지 책들에
둘러싸여 살아 왔습니다.
이야기책, 백과, 사전, 전화 번호책, 그리고 많고 많은 책들에……

어떤 책은 우리들을 이 세상에 없는 먼 곳으로 데려갑니다.
어떤 책은 등골을 오싹하게도 만듭니다.
책을 보며 상상을 하고 짜릿한 기쁨을 느끼는 동안,
어떤 책은 우리의 마음을 끌어당기고, 눈물이 나게도 합니다.

어떤 책은 사실을 알려 줍니다.
어떤 책은 우리가 살고 있는 세상에 대하여 말해 줍니다.
어떤 책은 뒷주머니에 쏙 넣어서 다닐 수 있습니다.
어떤 책은 너무 커서 들 수조차 없는 것도 있습니다.

책이란 이야기와 아이디어가 너무 중요하여
반복하여 읽을 수 있도록 하기 위해 쓰여진 것입니다.
여러분도 사람들이 읽고 싶어할 이야기를 가지고 있나요?
여러분도 자신의 이야기를 책으로 만들고 싶나요?
만일 그렇다면, 이 책은 여러분에게 딱 맞는 책입니다!

이 책은 여러분에게 어떻게 자신의 이야기를
글로 쓰고, 그림으로 그리고,
또 책으로 출판하는지를 단계적으로 안내합니다.

1단계

글쓰기

어떻게 시작할까요?

작가의 모자를 써 보세요!
이야기를 쓰는 것,
바로 이것이 작가가 하는 일입니다.

이야기는 픽션(꾸며낸 이야기)과
논픽션(사실 이야기)으로 쓸 수 있습니다.
여러분은 어떤 이야기를 쓰고 싶나요?

픽션Fiction이란 무엇인가?

픽션, 즉 꾸며낸 이야기는 여러분들이 스스로 상상해서 이야기를
만드는 것입니다.
모든 사람들은 마음속에 말해지기를 기다리는 이야기를 가지고 있습니다.
여러분의 일은 바로 그 이야기를 쓰는 것입니다.
유명한 작가들은 여러분들에게 말할 것입니다.
"자신이 알고 있는 것에 대해서 쓰세요!"
여러분들에게 일어난 어떤 일에 대해서 생각해 보세요.
그것에 대해서 이야기를 쓸 건가요? 흔히 작가들은 자신이나 그 주변에서
일어났던 일들을 기억해 두었다가 이야기를 만듭니다.
여러분도 그렇게 할 수 있겠지요?

자, 그러면 여러분의 기억을 시작으로 만들어볼 수 있는 몇 가지의 이야기를 소개해 볼게요.

여러분은 매혹적인 장소나 마법의 물건에 대해서 생각해본 적이 있나요?
여러분이 갖고 싶었던 궁전을 상상해 보세요.
그리고 그것에 대해서 써 보세요!

비행기를 타고 날아보거나 기차를 타고 달려본 적이 있나요?
또 카누를 타고 노를 저어본 적이 있나요?
이것들을 타고 세계 일주를 하는 모습을 상상해 보세요.
그리고 그것에 대해서 써 보세요!

길을 잃어버린 적이 있나요? 그 때 느낌이 어땠나요?
숲 속에서 길을 잃은 자신을 상상해 보세요.
그리고 그것에 대해서 써 보세요!

작가들은 그들의 이야기를 더 흥미롭게 만들고 싶을 때가 있습니다.
그 때, 그들은 마법과 같은 질문을 던집니다. "만약 ~(이)라면?"
이 질문은 평범한 것들을 뒤집어 놓습니다. 그것은 작가들이 새롭고,
특별한 방식으로 사물들을 바라볼 수 있게 도와 줍니다.

1. 만약 강아지가 말을 한다면? 무슨 말을 할까요?

2. 만약 여러분의 이모 애니와, 그녀의 친한 친구 남극 곰이 북극에 살게 된다면? 누가 더운 날씨를 더 좋아할까요?

3. 만약 날으는 양탄자를 갖게 된다면? 가장 먼저 어디를 갈까요?

4. 만약 살인 벌들이 나타나 이웃 동네를 공격한다면?

5 만약 어느 날 아침 눈을 떴는데, 자신이 생쥐처럼 작아져 있다면?

6 만약 우리가 살고 있는 세상을 동물들이 지배하게 되고, 사람들이 그들의 애완 동물이 된다면?

7 만약에 여러분들이 언제나 이기는 게임을 만들어 놓았다면?

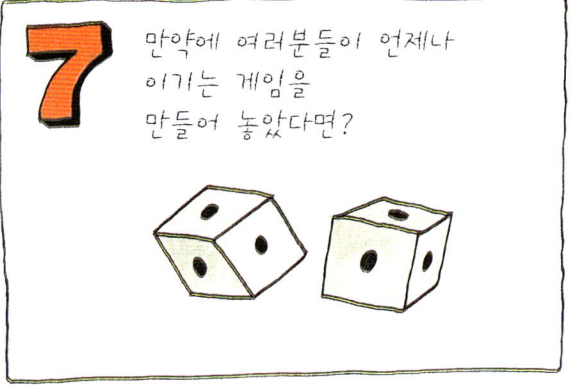

8 만약에 학교가 없다면? 여러분의 삶은 어떤 모습일까요?

9 만약 여러분이 노인으로 태어났다면? 자라면서 젊어질까요?

10 만약 여러분이 물 속에서 숨을 쉴 수 있다면? 여러분의 삶은 어떻게 변할까요?

그것에 대해 쓰세요.

좋은 이야기로 가는 길은 많이 있습니다.
선택은 여러분의 것입니다.
어떤 길로 갈지 결정했나요?
그러면 등에 배낭을 메세요.
여러분에게 이러한 것들이 필요할 겁니다.

    등장 인물   배경
    문제   해결

만약 여러분에게 재미있는 이야기라면,
다른 사람들에게도 재미있을 겁니다.
만약에 그것이 우스운 이야기라면,
독자들도 큰 소리로 웃게 해 보세요.
만약에 그것이 무서운 이야기라면,
독자들도 소름이 오싹 돋게 해 보세요.
만약에 그것이 슬픈 이야기라면,
독자들도 마음속 깊이
감동받을 수 있게 해 보세요.

여러분이 할 수 있는 한 이야기를 가장 흥미롭게 쓰게 되기를 바래요.

등장 인물

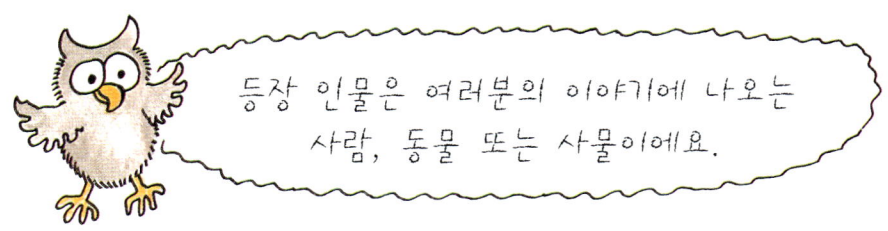

등장 인물은 여러분의 이야기에 나오는 사람, 동물 또는 사물이에요.

모든 좋은 이야기에는 흥미로운 인물들이 등장합니다.
좋은 이야기에서 주인공은 문제를 가지고 있습니다.
이야기를 쓸 때, 주인공이 그 문제를 어떻게 해결해 나가는지의 과정을 보여 주어야 합니다.
등장 인물 또한 주의 깊게 선택합니다.
그들과 그들의 모험에 대한 모든 것을 써야 할 테니까요.
그리고 중요한 것은 여러분이 그들을 좋아하는 것입니다.

배경

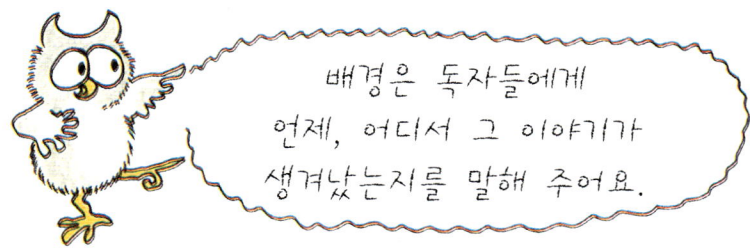

배경은 독자들에게 언제, 어디서 그 이야기가 생겨났는지를 말해 주어요.

배경은 아프리카일 수도, 우주 공간일 수도,
또는 '오즈의 마법사'에 나오는 마법의 궁전일 수도 있습니다.
그리고 독자들은 그 이야기가 언제 일어난 일인지를 알아야 합니다.
어제 생겨난 일인가요?
오늘? 아니면 내일?

오감을 활용하면 이야기의 배경에 대하여 독자들에게 더 많은 것을 보여줄 수 있을 거예요.

만약 여러분의 이야기가 아프리카를 배경으로 한다면……

독자들이 사자의 으르렁거림과 아프리카의 북소리를 듣게 해 주세요.

독자들이 표범의 얼룩무늬를 찾고, 재규어가 뛰는 모습을 보게 해 주세요.

독자들이 캠프 파이어의 연기와, 우거지고 건조한 초원의 냄새를 맡게 해 주세요.

동물들이 지나가는 동안 독자들이 신선하고 달콤한 망고의 맛을 보게 해 주세요.

독자들이 뜨거운 사막의 태양과 아프리카의 더위를 느끼게 해 주세요.

독자들이 아프리카를 느낄 때, 비로소 여러분의 작업은 끝이 난 것입니다!

문제

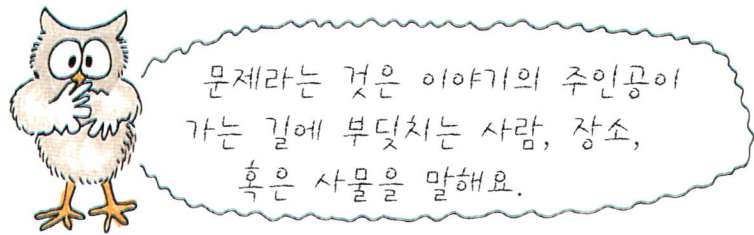

문제라는 것은 이야기의 주인공이 가는 길에 부딪치는 사람, 장소, 혹은 사물을 말해요.

만일 주인공이 해결해야 할 어떤 문제를 가지고 있지 않다면, 써야 할 이야기도 없을 것입니다.
만약 '빨간 모자'의 소녀가 늑대를 만나지 않았더라면, 그녀는 곧장 할머니의 집으로 갔을 것입니다. 그러면 아무 문제가 없었겠지요.
그러나…… 그녀가 길을 잃어 나쁜 늑대를 만났습니다. 큰 문제입니다!
얼마나 많은 문제들을 주인공이 가는 길에 집어넣을 수 있는지 생각해 보세요. 만약 커다랗고 마음씨 나쁜 늑대가 소녀가 쓰고 있던 빨간 모자 때문에 놀라서 죽었다면?

해결

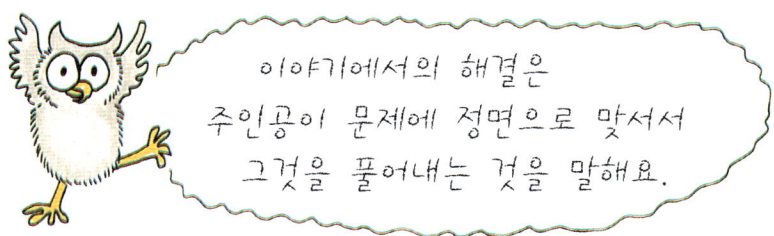

이야기에서의 해결은 주인공이 문제에 정면으로 맞서서 그것을 풀어내는 것을 말해요.

여러분은 주인공 스스로 문제를 해결하도록 도와주는 아이디어나 도구를 이야기 전체를 통하여 전해 주어야 합니다.
예를 들어, 만약 주인공이 성난 곰으로부터 반드시 도망쳐야 한다면, 그가 빨리 뛸 수 있도록 만들어 주세요!
또한 독자들이 주인공이 가진 능력에 대해 알도록 확인해 주세요!
만약 주인공이 고대 이집트의 지도를 봐야 한다면, 그가 상형 문자를 읽을 수 있다는 걸 확인해 주세요!

이야기는 처음부터 끝까지 진실하고 논리적으로 연결되어야 합니다.
만일 주인공이 쥐와 같이 작아지는 꼬마라면, 그의 주머니에 오렌지를
넣게 해서는 안되겠지요?

좋은 이야기로 향하는 여행길이란, 여러분이 독자들에게 이야기의
시작과 중간 그리고 끝을 알려주는 것입니다.
이야기의 시작에서는, 독자들이 주인공을 만나고 그에게 어떤 문제가
있는지를 발견합니다.
이야기의 중간에서는, 등장 인물이 여러 가지 모험을 하면서
문제 해결을 시도합니다.
그리고 이야기의 끝에서는, 등장 인물이 문제를 해결하고 모든 것이
변화됩니다.

> 흩어져 있던 모든 이야기들이
> 끝에서 하나로 모아져야 해요.
> 등장 인물들이 없어지거나 문제들이
> 흔들리면 안 돼요!

나쁜 이야기를 읽는 것은 황량한 모래
사막을 터벅터벅 걸어가는 것과 같습니다.
그 곳에는 언덕도, 부딪칠 것도,
기대할 것도 없습니다.
나쁜 이야기는 천천히 움직이고,
놀라움도 없고, 흥분할 일도 없습니다.
그것은 아주 지루합니다.

좋은 이야기를 읽는 것은 마치 멋진 산을
올라가는 것과 같습니다. 여러분은
구불구불한 산길이나 저 언덕 너머에
무엇이 있는지 전혀 알지 못합니다.

좋은 이야기에는 얽히고, 뒤집어지고,
놀라게 하는 것이 있습니다.
다음에는 무슨 일이 벌어질지 궁금해
더 이상 기다릴 수가 없습니다.
그것은 정말 흥분됩니다!

좋은 이야기를 계획하는 등산가의 방법

산에 오르기 위해 계획을 세우는 등산가처럼 좋은 이야기를 쓰기 위해서도 준비가 필요합니다. 이러한 질문들을 한 번 생각해 보세요. 이 모든 것에 대답할 수 있을 때 여러분의 이야기는 꾸며지고, 쓰일 준비가 된 것입니다.

시작 : 그 이야기는 언제, 어디서 일어난 일인가요?
등장 인물은 누구인가요? 주인공의 문제는 무엇인가요?

중간 : 주인공은 문제를 해결하기 위해 무엇을 했나요?
그리고 어떤 모험들을 하게 되나요?

절정 : 주인공은 문제를 해결했나요?
이것은 이야기에서 매우 흥미로운 부분이 될 것입니다.

끝 : 흩어져 있던 모든 이야기들이 끝에서 갈무리 되었나요?
이제 주인공은 변화된 길에 들어섰나요?

좋은 이야기를 만들기 위한 10가지 규칙

1. 이야기의 주인공을 흥미롭고 호감가게 만드세요.
2. 주인공의 문제를 처음부터 보여 주세요.
3. 주인공에게 이야기를 움직여 가는 것들에 대해 말하게 하세요.
4. 이야기 속에 너무 많은 등장 인물을 넣지 마세요.
5. 이야기에 간결함을 유지하세요.
6. 여러 행동과 함께 이야기가 전개되도록 유지하세요.
7. 이야기가 흥미로워지도록 동적인 단어를 사용하세요.
8. 한 가지 유형을 정했으면 끝까지 같은 유형으로 쓰세요.
   만약 익살맞은 이야기로 시작했다면, 익살맞게 끝나도록 하세요.
9. 이야기의 결말이 이런 방법이 되지 않게 하세요.
   "그것은 모두 꿈이었다."
10. 결말은 긍정적으로 이끌어지도록 하세요.

논픽션 Non-fiction 이란 무엇인가?

논픽션, 즉 '사실 이야기'는 실제로 있었던 일이나,
연구 조사한 것을 토대로 합니다.

사실은 어디서부터 온 것일까요?
실제 사실은 많은 곳에서 찾을 수 있습니다.
도서관에는 다양한 형태의 자료들이 가득 차 있습니다.

도서관에 가면 찾을 수 있는 실제 사실들 :
  백과 사전, 잡지, 신문, 각종 인터뷰 녹음 테이프, 컴퓨터 자료,
  사진, 지도, 필름 그리고 비디오.

그 곳에는 여러 가지 형태의 논픽션 이야기가 있습니다.

어떤 논픽션 이야기들은 여러분이 무엇을 어떻게 해야 할지를 말해 줍니다. 이들은 바로 '하-우-투' 이야기입니다.

어떤 논픽션 이야기들은 여러분의 삶과, 여러분에게 일어난 일들에 대한 것입니다. 이것은 '개인의 경험' 이야기입니다.

또 다른 논픽션 이야기들은 다른 사람들과 그들의 삶에 대한 것입니다. 이것은 '인터뷰'와 '전기문'입니다.

또는 논픽션 이야기는 여러분이 읽었거나 흥미롭게 찾아낸 그 어떤 것에 대한 것일 수도 있습니다. 바로 '사실에 근거한 기록'이지요.

이러한 모든 종류의 이야기들에서, 실제 사실은 반드시 진실이어야 합니다.

인터뷰

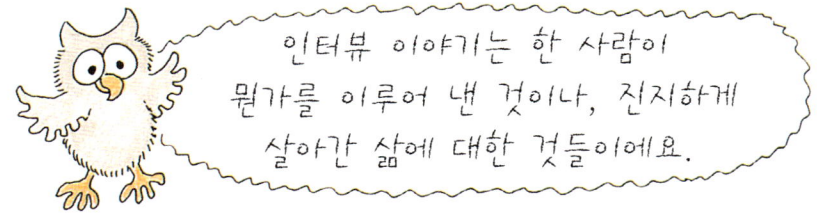

인터뷰 이야기는 한 사람이 뭔가를 이루어 낸 것이나, 진지하게 살아간 삶에 대한 것들이에요.

이야기를 시작하면서 여러분이 어떤 사람에 대하여 설명할 것인지, 그리고 왜 그 사람에게 관심을 갖게 되었는지를 독자들에게 말해 주어야 합니다. 인터뷰에 대한 글을 쓰는 데는 두 가지 방법이 있습니다.

한 가지 방법은 질문을 하고 대답한 것을 쓰는 것입니다.

    질문 : 당신은 형제나 자매가 있습니까?
    대답 : 저에게는 형 하나와 여동생 셋이 있습니다.

다른 방법은 그 사람의 말을 요약 정리하거나 인용하는 것입니다.

    존은 대가족입니다. 그는 말했습니다.
    "저에게는 형 하나와 여동생 셋이 있습니다."

마지막에는 왜 그 사람이 특별한지를 독자들에게 다시 한 번 상기시켜 줍니다.

하우투

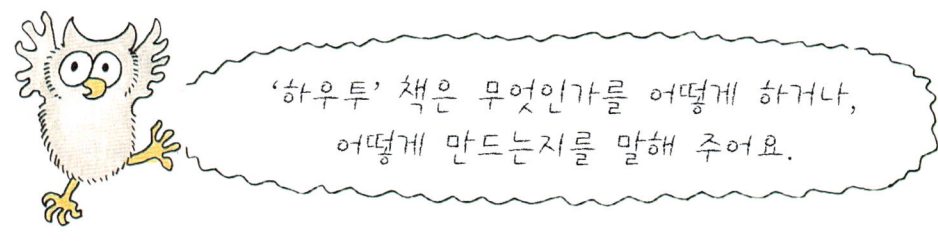

'하우투' 책은 무엇인가를 어떻게 하거나, 어떻게 만드는지를 말해 주어요.

좋은 하우투How-to 이야기는 주제가 독자들에게 흥미로워야 합니다.
하우투 이야기 안에는 다음과 같은 것들이 있어야 합니다.

1. 무엇을 이야기하려고 하는지를 독자들에게 말해 주세요.
2. 이 일을 하기 위해서 필요한 재료와 시간을 구체적으로 말해 주세요.
3. 주제를 간단하게 단계적으로 설명해 주세요.
4. 잘못될 수 있는 것들에 대해 주의할 점을 말해 주세요.
5. 완성된 작품이 어떤 모습이 될지 얘기해 주세요. 완성된 작품을 그림으로 그리거나 사진으로 찍을 수 있다면 독자들에게 도움이 됩니다.
6. 이 과정을 배우는 것이 얼마나 재미있는지를 말해 주어서 독자들이 이 일을 정말로 하고 싶도록 해야 합니다.

개인의 경험

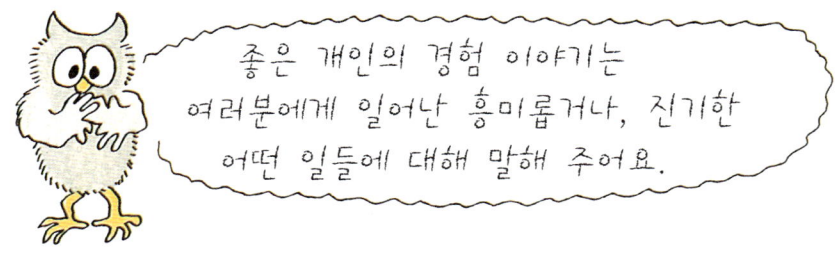

좋은 개인의 경험 이야기는 여러분에게 일어난 흥미롭거나, 신기한 어떤 일들에 대해 말해 주어요.

여러분에게 여러 가지로 변화를 주었던 특별한 일 하나를 선택하세요. 신나고, 재미있고, 매우 흥분되는 것으로요.

어떤 상황에서 일어난 이야기인지를 말해 주세요.
여러분에게 무슨 일이 일어났는지 독자들이 느끼도록 만들어 주세요.
여러분이 이러한 경험으로부터 무엇을 배웠는지를 독자들에게
이해시키도록 해 주세요.

사실에 근거한 기록

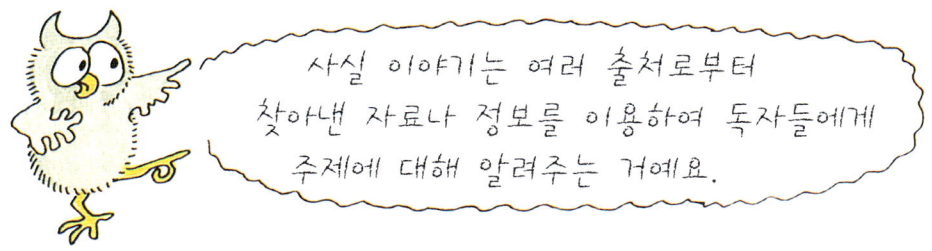

사실 이야기는 여러 출처로부터 찾아낸 자료나 정보를 이용하여 독자들에게 주제에 대해 알려주는 거예요.

사실 이야기는,

주제에 대한 새로운 사실을 독자들에게 알려 줍니다.
독자들의 관점을 바꾸어 줍니다.
독자들에게 무엇인가를 하느냐 마느냐를 설득합니다.
복잡한 개념을 이해하기 쉬운 방법으로 설명합니다.
잊혀진 사실들이나 개념들을 살펴봅니다.

신문 기자들은 매일 논픽션 이야기들을 씁니다. 그들의 이야기는 항상 맨처음 단락에서 **언제? 어디서? 누가? 무엇을? 어떻게? 그리고 왜?** 라는 것에 대한 답을 해야 하죠.

신문사에서 일을 하는 조.
신문사에서 일을 하는 조.
그는 머리에서 발끝까지
신문 기자였을까?

하루 종일 뛰어다니다가,
하루 종일 뛰어다니다가,
누가 은행을 털었나?
그것은 바로 은행털이범 피트.

피트가 조를 지나 달려간다.
피트가 조를 지나 달려간다.
피트가 **무엇을** 가져갔나?
그것은 현금이 가득 찬 가방.

조는 시간을 보았다.
조는 시간을 보았다.
사건이 **언제** 일어났나?
그것은 9시 30분.

비가 내리기 시작했다.
비가 내리기 시작했다.
사건이 **어디서** 일어났나?
시내 중심가에서 일어났다.

비가 퍼붓기 시작했다.
비가 퍼붓기 시작했다.
왜 피트는 멈췄나?
종이 봉투가 젖어서 찢어졌다.

피트는 돈을 떨어뜨렸다.
피트는 돈을 떨어뜨렸다.
어떻게 끝이 났나?
이야기는 정말로 재미있다.

피트는 땅바닥에 쓰러졌다.
피트는 땅바닥에 쓰러졌다.
조는 이야기를 썼다.
경찰처럼 주위를 맴돌며 수집한 이야기를.

30

논픽션 이야기의 아이디어는 어디에서든 나올 수 있습니다. 예를 들어, 어느 날 여러분이 땅콩 버터와 젤리 샌드위치를 만들고 있다고 해 봅시다. 빵에 젤리를 바르다가 갑자기 빵에 대한 호기심이 생기기 시작합니다.

언제 그리고 어디에서 빵이 처음 만들어졌나요?
이것은 정말 훌륭한 역사 기록이 됩니다.

무엇이 빵으로 되었나요? 무엇이 빵을 부풀게 하였나요?
이것은 훌륭한 과학 정보가 됩니다.

누가 여러분의 동네에서 제일 맛있는 피자를 만들었나요?
여러분은 동네 피자 가게 요리사를 인터뷰할 수 있습니다.

여러분의 할머니께서 좋아하는 빵 만드는 요리법을 알고 있나요?
이것은 바로 하우투 이야기의 시작이 됩니다.

언제 그리고 어디에서 가장 큰 빵을 굽고 있나요?
이런 사실들은 훌륭한 신문 기사를 만들어 냅니다.

작가들은 때때로 주변의 일들에 대하여 알고 싶어합니다.
사실은 소설보다 기이합니다.
그들은 스스로에게 *"무엇에 대한 거야?"* 하고 마법의 질문을 던집니다.
이 흥미로운 질문 하나로 평범한 모든 것들이 새로운 것으로 바뀝니다.
이것이 작가로 하여금 사물들이 어떻게 움직이는지 호기심을 갖도록
해 줍니다. "무엇이 들어 있을까?" "어떻게 움직일까?"

1. 여러분에게 어떤 특별한 취미가 있나요?

2. 무엇을 수집하나요?

3. 어떤 운동을 좋아하나요?

4. 좋아하는 사나운 동물이 있나요?

5 매우 존경하는 사람이 있나요?

6 시나 노래, 동화를 써 보았나요? 그것들을 모아 책을 만들어 보세요.

7 우주 공간에 대하여 더 알고 싶은 것이 있나요?

8 수수께끼나 암호를 좋아하나요? 그것들을 책 안에 넣어 보세요.

9 곤충과 기어다니는 것들을 좋아하나요?

10 무엇인가를 만들 수 있나요?

그것에 대해 쓰세요.

어떤 것에 대하여 쓸지를 결정했다면,
그 때가 바로 시작할 시간입니다.

좋은 논픽션 이야기를 쓰기 위하여
여러분에게 필요한 것들은,

　　어떤 것에 대한 호기심
　　정보 출처
　　사실들
　　개요
　　결론

주제의 한계

모든 것을 말할 수는 없습니다.
주의깊게 선택하세요.

노트의 이용

중요한 사실들을 노트 카드에
꼼꼼하게 적어둡니다.

개요 준비하기

```
         제목

1. 시작
   소개 / 관심 끌기

2. 중요한 사실들
   1) 언제
   2) 어디서
   3) 누가
   4) 무엇을
   5) 어떻게

3. 요약
   왜
```

좋은 논픽션 이야기를 쓰는 선장의 항해 방법

배를 잘 운항하기 위한 선장처럼 여러분도 좋은 이야기를 쓰기 위해서는 준비가 필요합니다. 자, 여러분이 멋진 이야기 세계로의 항해를 시작하기 전에 이러한 질문들을 생각해 보세요.

시작 : 어떤 종류의 논픽션 이야기를 쓰려고 하나요?
이야기를 쓰기 위해 어떤 계획을 가지고 있나요? 개요는 마련했나요?
첫 문장으로 확실하게 독자들의 관심을 끌었나요?

중간 : 연구는 충분히 했나요?
정확한 사실과 자료를 가지고 있나요?
그 사실이 하나의 아이디어에서 또다른 아이디어로 발전되도록 독자를 이끌고 있나요?

끝 : 결론은 무엇인가요?
여러분이 가진 사실이 결론에 이르기까지 도움이 되나요?
둘 또는 세 문장으로 그것을 요약할 수 있나요?
독자들이 생각할 수 있는 결론을 만들었나요?

서툴게 쓰여진 논픽션 이야기는 독자들이
너무 많은 사실들을 알게 되어 오히려
혼란스러워합니다. 마치 한 번에
너무 많은 지도를 읽으려고 하는 것과
같습니다. 그것은 결국 독자들을 지루하게
하여 읽는 것을 멈추게 하고 맙니다.

좋은 논픽션 이야기는 분명하고 필요한
사실만으로 이야기를
재미있게 만들어야 합니다.
그러한 이야기는 독자들을 이야기의
시작부터 끝까지 따라가게 합니다.

좋은 논픽션 이야기를 위한 10가지 규칙

1. 신중하게 이야깃거리를 선택하세요.
2. 알맞은 제목을 생각하세요.
3. 사실에 대하여 완벽하게 조사하세요.
4. 개요를 준비하세요.
5. 노트 카드를 만드세요.
6. 독자들을 강하게 사로잡거나 올바르게 이끌어줄 문장을 사용하세요.
7. 간결하고 분명한 언어를 쓰세요.
8. 각각의 단락에서 반드시 요점을 설명하도록 하세요.
9. 이야기에서 끝맺을 때를 알아야 합니다.
    독자들에게 너무 많은 것을 말하려고 하지 마세요.
10. 사실들을 요약하고 강하게 끝맺으세요.

2단계

편집

여러분의 이야기가 쓰여졌고……

모자를 바꿀 시간입니다.
이제부터 여러분은 편집자입니다!

편집자는 무슨 일을 할까요?

편집자는 이야기 전체를 세심하게 읽고
이러한 것들을 찾아냅니다.

1. 이야기가 논리에 맞게 되었는가?
2. 문장의 끝에 마침 부호를 찍었는가?
3. 인터뷰 형식일 때, 의문 부호를 달았는가?
4. 맞춤법은 정확한가?
5. 이야기가 단락으로 잘 나누어졌는가?
6. 행을 바꾸지 않고 계속 써 내려간 문장은 없는가?

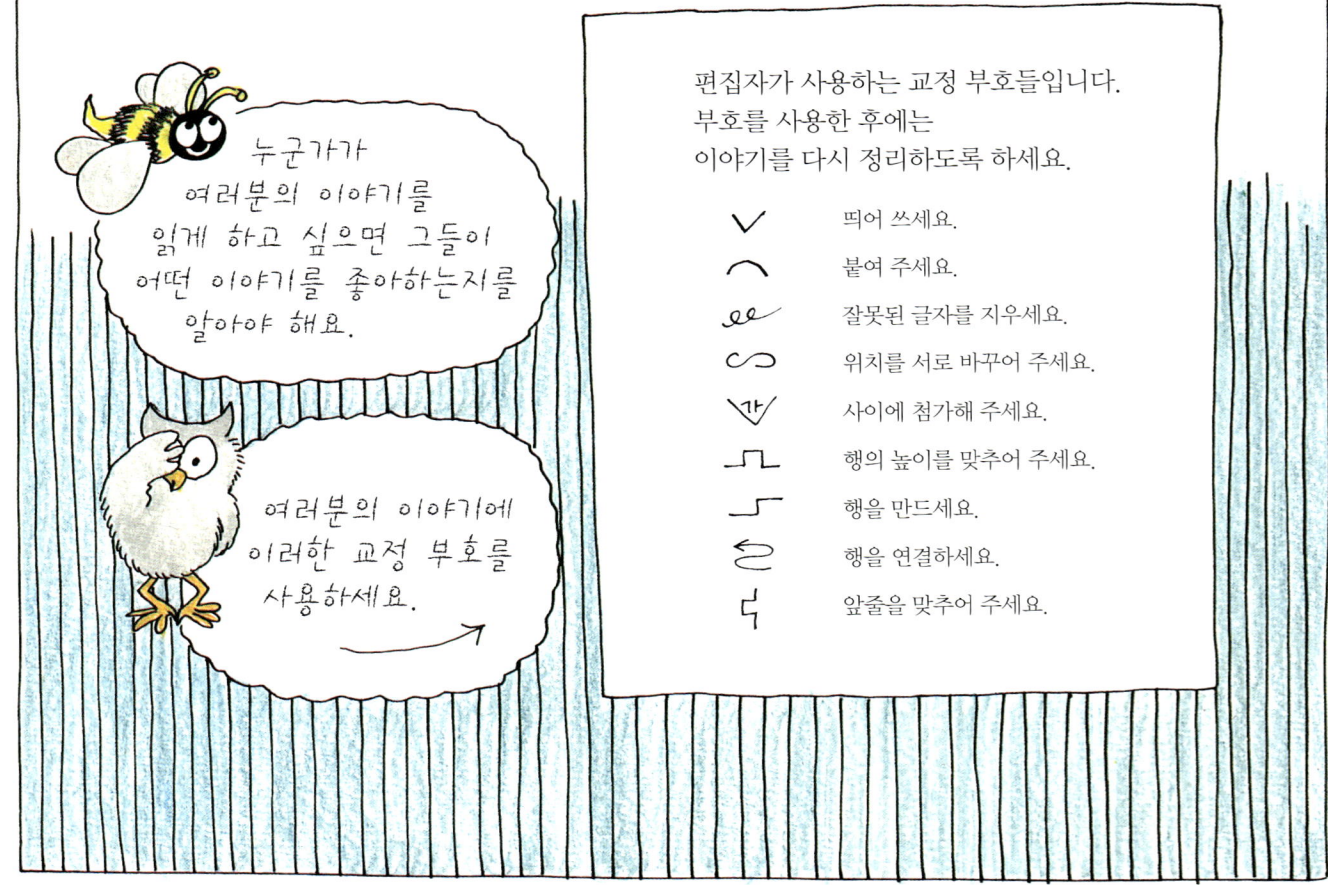

40

3단계

그림그리기

이야기를 쓰고 편집까지 했다면
다음을 준비하세요.

모자를 다시 바꾸어 쓰고
일러스트레이터가 됩니다.

어디서부터 시작할까요?

여러분의 이야기를 다시 한 번 읽어 봅니다. 이번에는 이야기 속의 글과 함께 그림을 상상하며 읽어 갑니다. 그리고 가장 흥미로운 부분에 표시를 합니다. 왜냐하면 그 곳이 바로 그림이 그려질 곳이기 때문입니다. 그럼으로써 몇 쪽의 책이 될지, 몇 개의 그림이 있는 책이 될지를 결정합니다.

이야기의 분위기나 느낌에 대해서도 생각해 봅니다.
재미있고 익살스러운가요? 슬픈가요? 심각한가요? 무시무시한가요?
그림도 이야기의 분위기와 어울리게 그려야 합니다.
연습장에 등장 인물을 그리는 연습을 합니다. 여러 가지로 다르게 그려 보면 가장 잘 나타낼 수 있는 방법을 알게 됩니다.

여러분의 이야기가 웃기는 이야기라면, 만화 그림으로 그릴 수 있습니다.
이야기가 무시무시하거나 슬프다면, 어두운 색으로 그릴 수 있습니다.
그러나 애벌레가 나비가 되는 과정에 대한 실제 이야기라면,
여러분은 나비의 한살이 모습을 사실적으로 그려야 할 것입니다.

할머님
엄숙한 표정

할머니
행복한 표정

할미
재미있는 표정

독자들의 연령에 따라 책을 다르게 만들어요.

매우 어린 아이들을 위한 이야기라면, 짧고 쉬운 문장과 밝은 색을 사용하세요.

좀더 나이가 있는 아이들을 위한 이야기라면, 더 자세한 설명과 다양한 형태의 그림들을 넣을 수 있겠지요.

스토리보드

스토리보드는 한 장의 종이에 책 안에 들어갈 모든 그림을 한꺼번에 보여줍니다.

그림을 그리기 전에 계획을 세웁니다.

스토리보드를 이용하세요.
각각의 사각형 안에 여러분이 그리고자
하는 그림을 그리거나 스케치를 합니다.
전체 그림을 그릴 충분한 공간은 없습니다.
그것은 나중에 그릴 겁니다.
스토리보드란 단지 각각의 면을 어떻게
표현할지를 계획하는 것입니다.
여러분의 이야기를 각 면마다
다른 모양으로 나누어 놓을 수 있습니다.
이것을 레이아웃이라고 합니다.
레이아웃은 어떻게 책의 디자인을
구성할지를 보여줍니다. 즉,
   글을 어디에 배치할까?
   그림을 어디에 배치할까?
   면은 몇 쪽을 사용할까?

책의 각 부분에 대하여

> 한 권의 책은 표지, 속표지, 그리고 본문과 그림이 들어간 면으로 구성되어 있습니다. 때때로 면지나 헌사가 들어간 면을 가진 것도 있습니다.

속표지

속표지는 책이 시작되는 면입니다. 이야기의 제목과, 작가의 이름과, 일러스트레이터의 이름과, 그리고 책이 만들어진 날짜가 들어갑니다.
이 면에는 이야기의 제목과 작가의 이름이 인쇄됩니다.
작가는 누구인가요? 바로 여러분들이죠!
여러분이 쓴 책에 날짜를 넣는 건 정말 멋진 일입니다.
테두리를 장식하거나, 본문 안에 있는 그림의 일부분으로 디자인할 수도 있고, 혹은 두 가지를 함께 사용할 수도 있습니다.

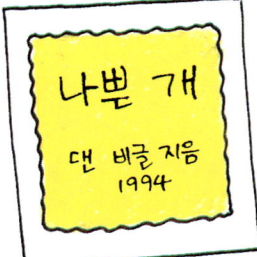

속표지의 예

헌사

헌사는 이 책을 소중한 사람들에게 바친다고 하는 말을 쓴 것으로, 속표지 뒷면에 쓸 수도 있어요. 이야기가 어머님을 위한 것이라면, 이렇게 쓸 수 있지요. "나의 어머님께 바칩니다."

본문

서점에서 구입하는 거의 모든 그림책들은 32쪽과 1,500단어 이하로 되어 있습니다. 그러나 여러분의 책은 여러분이 원하는 대로 만들 수 있습니다. 여러분이 직접 그림을 그리니까요.
여러분은 각 장면마다 그림을 어디에 넣을지를 결정해야 합니다. 글은 어디에 둘까요? 각 장면에 글은 어느 정도로 넣어야 할까요? 스토리보드를 이용하여 레이아웃을 해 보세요.

글은 모든 면에 다 들어갈 수 있어요. 그러나 펼침면에 글을 넣을 때는 책의 중심선을 넘어가면 안 돼요. 그림은 여러분이 원한다면 중심선을 넘어갈 수 있지만, 글은 안 돼요.

책의 중심선

그림 계획하기

그림책을 펼치면, 두 면이 보입니다.
계획을 할 때 이 면들을 생각해서 하세요.

때로는 그림이 왼쪽 면에서 시작해서
오른쪽 면까지 이어질 때도 있습니다.
이것을 '펼침면'이라고 합니다.

각 면마다 다른 글과 그림을 넣고자
한다면, 그들을 분리시켜야 합니다.

사각의 테두리 선을 이용하거나 서로 다른
위치에 그림을 넣을 수 있습니다.

한 면 전체에 글을, 다른 한 면 전체에
그림이 놓이도록 할 수 있습니다.

면들이 서로 어울리도록, 모든 면에 같은
테두리 장식을 사용할 수 있습니다.

같은 그림과 글을 다른 방법으로
보여줄 수 있습니다.
카메라를 통하여 바라보는 것처럼 하여,
어떤 것에 초점을 맞출지를 결정하세요.
마치 영화 감독처럼, 여러분도 다양하게
초점을 맞출 수 있습니다.
때로는 매우 가까이서 촬영한
그림처럼 그립니다. 또 때로는 멀리
떨어진 것과 같이 그려, 전체 배경이나
무대 그림을 얻을 수도 있습니다.

여러분이 선택한 '표현 방식'이 어떤
것이든지 간에, 책 전체를 통해서 조화가
이루어져야 해요. 그것은 책에 들어갈
그림은 모두 같은 표현 방식으로 그려야 한다는 것을
의미합니다. 다양한 '초점'을 사용하지만,
같은 방식을 유지하도록 하세요.

그림그리기

필요한 재료

- 정해진 크기의 종이
- 연필
- 지우개
- 검은색의 펠트 펜 또는 얇은 마커

그림을 그릴 준비가 되었나요?

1. 이야기를 가지고 있나요?
2. 등장 인물들을 어떻게 보이게 할지 알고 있나요?
3. 필요한 재료들을 가지고 있나요?
4. 이야기 전체를 그려놓은 스토리보드를 가지고 있나요?

대답이 "네!"라면, 이제 그림을 그릴 준비를 하세요.

 조심스럽게 종이를 양끝이 맞도록 한 다음에 반으로 접습니다. 접은 선을 꼭 눌러준 다음 다시 펼칩니다.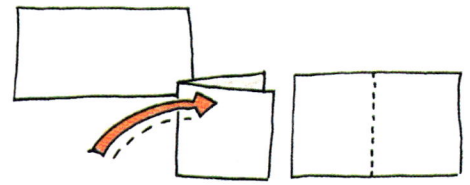

 연필로 양면 아래 바깥쪽 모서리에 쪽 번호를 매깁니다. 번호는 한 쪽에만 적습니다.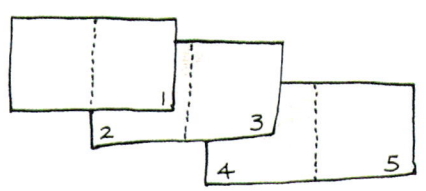

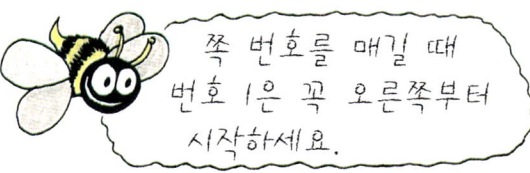

쪽 번호를 매길 때 번호 1은 꼭 오른쪽부터 시작하세요.

스토리보드를 지침으로 하여 각 면에 연필로 엷게 글을 쓰고 선 그림을 그립니다. 색연필이나 펜으로 선 그림을 그려 완성시킵니다. 연필 자국은 지우개로 지웁니다. 글은 직접 쓰거나, 컴퓨터로 인쇄한 글을 붙입니다.

접은 종이의 선은 안내자가 되어줄 거예요.
그것이 바로 책의 중심이 될 테니까요.

색칠하기

그림은 흑백으로 그릴 수도 있고, 여러 가지 색깔로 그릴 수도 있습니다.
만약 여러분의 책을 한 권 이상 복사하고자 한다면,
색칠을 하기 전에 모든 페이지를 복사해 두어야 합니다.
그리고 나서 복사한 종이에 원하는 색깔로 색칠을 합니다.

4단계

제본

이야기가 쓰여지고, 편집되고,
일러스트까지 되었으면, 이젠……

제본가의 모자를 쓰세요.

그리고 책으로 묶어 정리하세요.

책으로 묶기

이젠 여러분의 책을 제본하려고 해요.
이것은 본문과 함께 표지와 면지를
묶는 것을 의미합니다.
여기 여러분의 책을 함께 묶는 방법이
있습니다.

재료
- 그림
- 딱풀
- 가위
- 자

평평한 곳에서 작업하세요!
바닥에는 신문지 같은 것을
펼쳐놓아 책이 지저분해지지
않도록 하세요.

1. 1쪽부터 시작합니다. 맨 위에
1쪽을 놓고, 다른 쪽들을
차례대로 놓습니다.

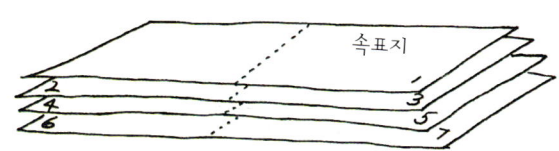

2. 각 면을 접으세요. 첫장부터
접은 것을 아래쪽에 놓고
차례대로 위로 올리세요.

종이를 접을 때
그림이 있는 곳이 안쪽, 빈 곳이
바깥쪽으로 오도록 하세요!

3. 가운데 접힌 부분이 여러분의 앞쪽으로 오도록 놓습니다.

4. 맨 위의 종이를 들어 여러분 앞에 뒤집어 놓으세요. 접은 부분이 멀어질 것입니다.

5. 그림이 있는 쪽의 뒷면에 풀칠을 하세요. 특히 가장자리와 모서리, 그리고 접힌 부분까지 주의해서 풀칠하세요.

6. 접은 종이를 가져다 선을 맞추어 처음 종이의 풀칠한 면에 잘 붙입니다.

양쪽 모서리를 잘 맞추어 책장이 부드럽게 넘어갈 수 있도록 해 주세요!

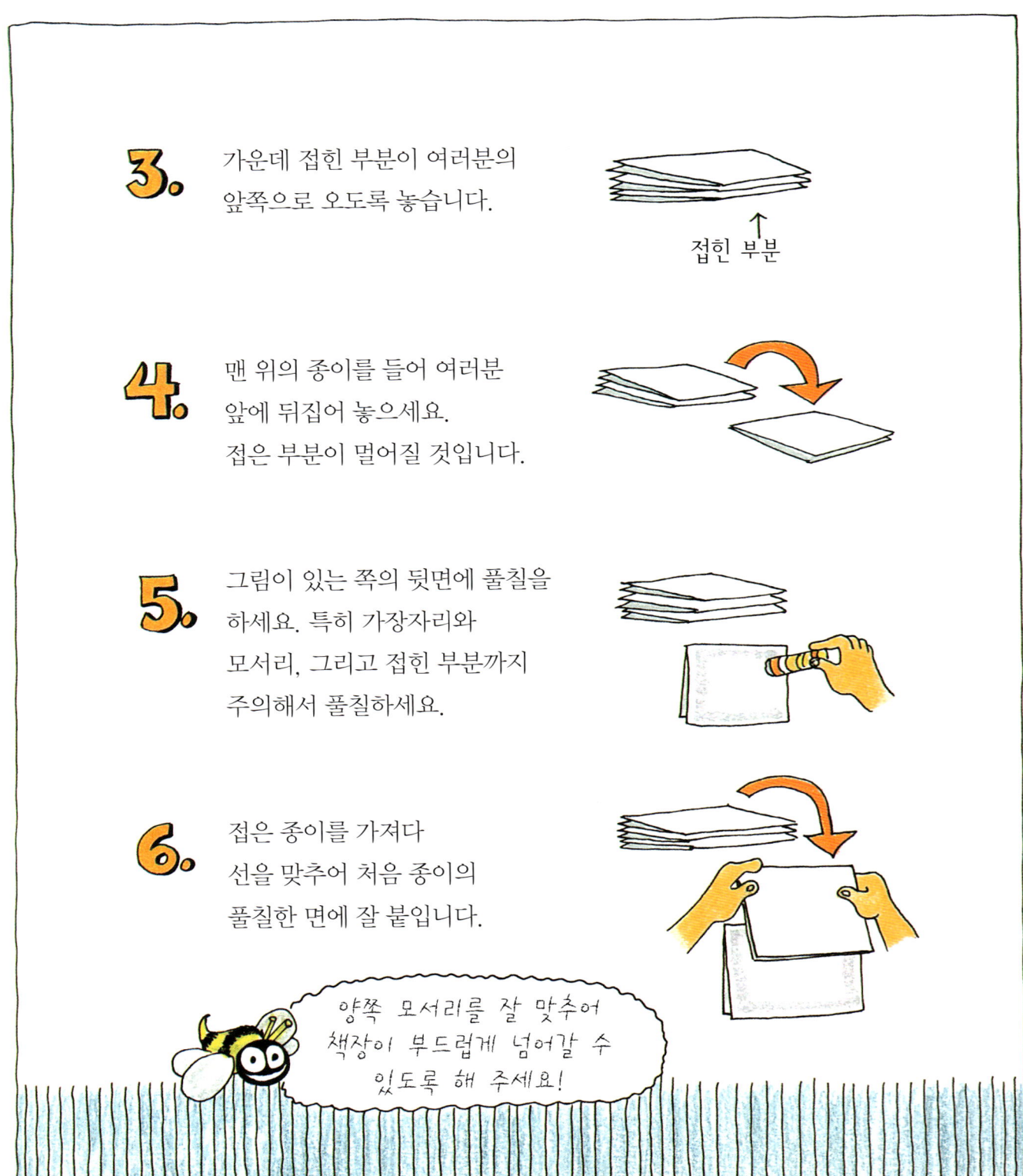

7. 그 다음 종이를 붙이기 전까지 잘 마르게 둡니다. 이와 같은 방법으로 모든 종이를 붙여 가세요. 풀이 종이 바깥에 묻어나거나 풀이 뭉치지 않도록 주의하세요.

8. 면지를 붙이려면, 색칠이 되었든 되어 있지 않든 고르게 풀칠한 종이를 본문의 앞과 뒤에 붙입니다.

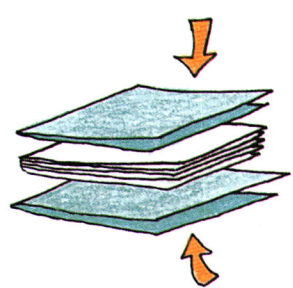

9. 책을 잘 말립니다. 면과 면이 모두 연결되어 있으므로, 책을 세워서 말릴 수 있습니다.

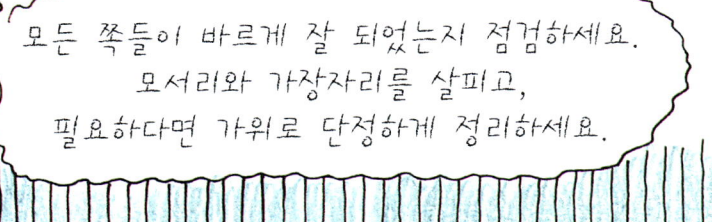

모든 쪽들이 바르게 잘 되었는지 점검하세요. 모서리와 가장자리를 살피고, 필요하다면 가위로 단정하게 정리하세요.

표지

마닐라지 파일 폴더

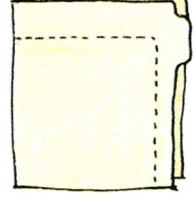

자를 사용하여, 여러분이 접은 종이보다 조금 큰 파일 폴더 직사각형을 만듭니다.

폴더를 접어서 직사각형의 두 면을 동시에 자릅니다.

재료

마닐라지 파일 폴더
(흰색 또는 컬러)
또는 두꺼운 종이

- 딱풀
- 가위
- 자
- 연필

또는 두꺼운 종이

두꺼운 종이를 이용한다면, 펼쳐진 책의 크기보다 조금 크게 직사각형으로 자르고, 연필로 가운데에 점선을 그립니다.

자를 가운데 점선 위에 놓고 종이를 반으로 접습니다. 이 때 접은 자국이 잘 나타나도록 하세요.

1. 접어놓은 표지
   모아놓은 본문

2. 표지 열기
   뒷장에 풀칠하기

3. 뒷장을 뒤표지에 잘 놓은 후, 표지 중심선에 맞추세요. 중심에서 바깥 방향으로 힘을 주어 부드럽게 누릅니다.

4. 속표지가 위로 오도록 하고 본문 전체를 닫으세요.

5. 본문 첫장의 가장자리를 따라 풀칠을 합니다.

앞표지를 덮은 후 편편하게 되도록 누릅니다.

6. 앞표지를 열고 중심에서 바깥 방향으로 힘을 주어 부드럽게 누릅니다.

7. 잘 말리세요.

8. 가위를 이용하여 본문보다 조금 큰 여분의 테두리가 생기도록 표지를 자르고 다듬으세요.

표지 디자인

비록 표지 디자인을 하는 일이 여러분에게 처음이라 낯설겠지만, 이것은 그림그리기의 마지막 일입니다.
여러분은 너무나 자신의 이야기를 잘 알고 있습니다. 이야기에서 무엇이 중요한지도 알고 있습니다. 여러 번 등장 인물을 본문에 그려 보았고, 그 책 중에서 어떤 점이 가장 좋은지도 알고 있습니다.
전체 본문을 보세요. 가장 좋은 그림은 무엇인가요?
여러분의 책은 사람, 사물, 동물에 대한 활동 이야기를 담고 있나요?
그렇다면 표지에 그 움직임을 보여 주세요.

그림책의 표지에는 무엇이 있어야 할까요?

1. 책의 제목
2. 표지 그림
3. 작가의 이름 / 일러스트레이터의 이름
4. 출판사의 이름

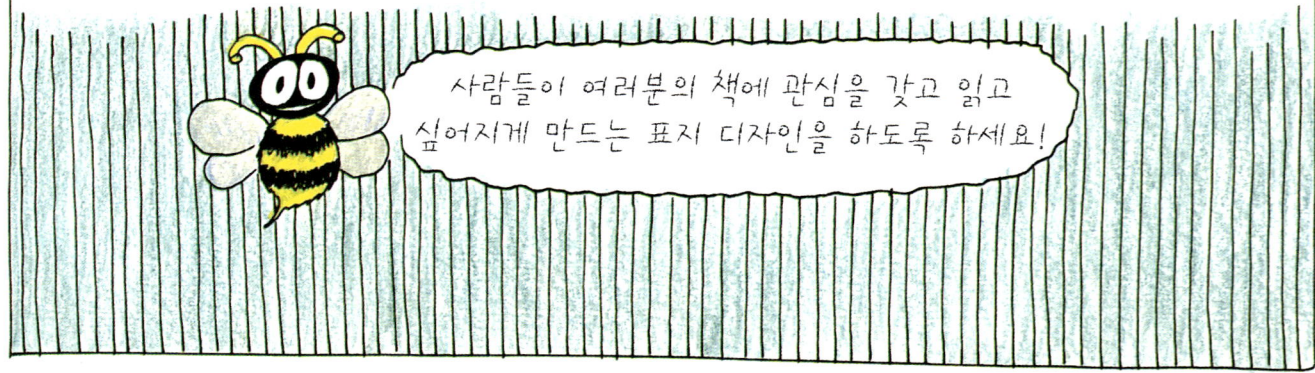

사람들이 여러분의 책에 관심을 갖고 읽고 싶어지게 만드는 표지 디자인을 하도록 하세요!

제목은 글자꼴이 크거나 또는 선명한 색상으로 보여지도록 합니다.
그림은 글자 위나, 글자 아래, 글자 사이나, 글자 뒤에 놓일 수 있습니다.
디자인은 테두리를 만들 수도 있고, 만들지 않을 수도 있습니다.
어떤 디자인을 하든 그것은 여러분의 것입니다.
표지가 흰색이거나 밝은 색이라면, 표지에 직접 그림을 그려서 디자인을 해도 됩니다. 만약 표지의 바탕 색이 어둡다면, 표지보다 작은 하얀 종이 위에 따로 디자인을 해서 표지에 풀로 붙여 줍니다.

여러분은 글을 썼고, 이야기를 편집했고, 그림을 그렸고, 그리고 그 모든 것을 묶어 제본했습니다.

여러분의 책을 만들었어요!

5단계

광고

지금 이 시간은……

광고의 모자를 쓰고 여러분의 책을
다른 사람들과 나눌 수 있도록 하세요.
선생님 또는 부모님들께 이야기해
작가 파티를 열 수 있습니다.
친구들을 초대하세요.
할머니와 할아버지 또는 좋아하는 이모나
고모 들께도 책에 대하여 알리세요.

책을 가지고 작가 여행을 떠나세요.
동네 주위를 여행하며
친구들에게 그것을 읽어 주세요.
복사해서 만든 책을 보낼 땐,
속표지에 작가의 사인을 하는 것을
잊지 마세요. 정다운 메시지를
짧게 쓸 수도 있습니다.

책만들며 크는 학교에서는 아이들과 함께 책만드는 세상을 만들어 가고자 합니다. 이 곳에서는 '어린이 북아트 교육'에 관한 연구와 프로그램을 개발하여 아이들에게는 책만들기라는 새로운 체험을, 학부모와 교사들에게는 효과적인 교육 방법을 제공하고 있습니다.

www.makingbook.net

책만들며 크는 학교 시리즈

1. 메이킹북(Making Books)
한 장의 종이를 접고 자르고 붙여서 만들 수 있는 팝업북 31가지의 만드는 방법과 사례들이 담겨 있습니다. 또한 학부모와 교사들이 아이들과의 책만들기 활동에서 꼭 알아야 할 것들을 꼼꼼하게 짚어주고 있습니다.
폴 존슨 지음 / 김현숙 옮김

2. 나의 가족과 친구들(My Family and Friends)
가족과 친구들, 그리고 학교에서 벌어지는 여러 가지 일들에 대해 생각해 보고, 다양한 카드와 책으로 만들 수 있는 방법 25가지를 제시하고 있습니다. 또한 읽고 쓰는 능력을 향상시켜 줄 수 있도록 교사들을 위한 가이드가 첨부되어 있습니다.
폴 존슨 지음 / 김 진 옮김

3. 페스티벌(Festivals)
기독교, 이슬람교, 불교 등 세계 6대 종교와 관련된 축제의 내용을 알아보고, 그 내용을 25가지의 팝업책과 카드에 담아낼 수 있도록 했습니다. 교사들을 위해서 종교 축제의 기원에 대해서 간단하게 요약해 놓았습니다.
폴 존슨 지음 / 김명옥 옮김

4. 세계의 옛이야기(Traditional Tales)
〈알라딘과 마술 램프〉〈백설 공주〉〈신데렐라〉 등 아이들이 좋아하는 21가지 세계의 옛이야기를 읽고, 그 내용을 팝업책과 카드로 만들어볼 수 있도록 했습니다. 그리고 옛이야기를 요약해 놓아 아이들과 함께 읽어보도록 했습니다.
폴 존슨 지음 / 나유진 옮김

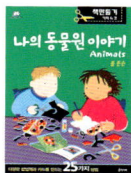

5. 나의 동물원 이야기(Animals)
아이들이 친숙하게 여기는 동물과 자연 환경에 대해 배우면서 과학적인 지식을 정리해 보고, 팝업책과 카드에 담도록 했습니다. 특히 아이들이 야외 학습 활동을 할 때 활용하는 여러 제안들이 첨부되어 있습니다.
폴 존슨 지음 / 나유진 옮김

6. 북아트를 통한 글쓰기 (Litaracy Through the Book Arts)
폴 존슨의 대표적인 북아트 교육 이론서. 종이 한 장으로 시작하여 아이들이 글쓰기, 일러스트레이션과 디자인 분야에서 성취해내는 표현 능력, 직관력, 창의력 등 그 모든 것들을 보여 줍니다.
폴 존슨 지음 / 김현아 옮김

7. 스스로 만드는 책 (The Young Author's Do-It-Yourself Book)
어린이 스스로 글을 쓰고, 편집하고, 그림을 그리고, 제본하여, 자신의 책을 만드는 과정을 다루고 있으며, 각 단계마다 계획하는 방법, 기술적인 부분들을 명확한 그림으로 보여주고 있습니다.
돈나 구트리 외 지음 / 김현우 옮김

8. 이야기 쓰는 법(Story Strategies)
아이들이 이야기 쓰기에 성공할 수 있도록 이끌어 주고, 북돋아줄 수 있는 특별한 방법들을 담고 있는 책으로, 등장 인물, 배경, 대사 같은 이야기의 기본 틀뿐만 아니라 이야기를 계획하는 방법을 자세하게 보여 줍니다.
샐리 오저스 지음 / 김현아 옮김

9. 세계의 신화와 전설 1 (Stories from Around the World)
아이들에게 필독서로 꼽히는 신화 속의 인물, 전설적인 섬이나 동물을 멋진 팝업책과 카드로 만들어 보면서 세계의 여러 나라가 생겨난 배경을 알 수 있습니다.
폴 존슨 지음 / 성양환 옮김

10. 세계의 신화와 전설 2 (Stories from Around the World)
세계적으로 널리 알려진 전설을 통해 여러 나라의 이색적인 문화를 배우고 체험할 수 있으며 유익한 학습정보와 함께 다양한 팝업책과 카드를 만들 수 있습니다.
폴 존슨 지음 / 성양환 옮김

11. 역사 여행(Past Times)
세계 여러 나라의 주요한 사건과 인물에 대해 배우고 체험하면서 과거와 현재를 비교하는 과정을 통해 역사를 쉽게 이해할 수 있는 기회를 가지게 됩니다.
폴 존슨 지음 / 성양환 옮김